अपनी कही

अपनी कही

चिन्मयी त्रिपाठी

युवा वाणी

वाणी प्रकाशन

वाणी प्रकाशन

4695, 21-ए, दरियागंज, नयी दिल्ली 110 002

फ़ोन : +91 11 23273167 फ़ैक्स : +91 11 23275710

शाखाएँ

अशोक राजपथ, पटना 800 004, बिहार

कॉफ़ी हाउस कैम्पस, महात्मा गांधी मार्ग, इलाहाबाद 211 001, उत्तर प्रदेश

महात्मा गांधी अन्तरराष्ट्रीय हिन्दी विश्वविद्यालय, वर्धा 442 001, महाराष्ट्र

सुल्तानिया रोड, मोतिया पार्क, भोपाल 462 001, मध्य प्रदेश

www.vaniprakashan.com
marketing@vaniprakashan.in
sales@vaniprakashan.in

Apani Kahi
by Chinmayi Tripathi

ISBN : 978-93-5518-113-8
Poetry Collection

प्रथम संस्करण 2022

मूल्य : ₹ 199

आर. टेक ऑफ़सेट प्रिंटर्स, दिल्ली-110032 में मुद्रित

वाणी प्रकाशन का लोगो मक़बूल फ़िदा हुसेन की कूची से

मेरी माँ डॉ. सत्यवती त्रिपाठी

और

मेरे पिता डॉ. राधावल्लभ त्रिपाठी

को समर्पित

जिन्होंने मेरे अन्दर कला और कविता के बीज बोए।

भूमिका

सुर से शब्दों का जो नाता बनता है, शायद वही नाता झुरमुट से गिलहरी के बच्चों का और रंगों से कैनवास का। वे एक–दूसरे में अव्यक्त रूप से समाये हुए आपस में लुका–छिपी खेलते रहते हैं! युवा गायिका चिन्मयी त्रिपाठी की कविताओं से गुज़रते हुए लगातार यह महसूस होता रहा।

जैसे आलाप हममें छुपी हज़ार रुँधी पुकारों के लिए एक पत्राच्छादित, मुलायम, महीन पगडण्डी–सी गढ़ता है और स्वयं भी टूटकर पुकारता है रूठे हुए राग को–चिन्मयी त्रिपाठी के पहलौटे संग्रह की इन कविताओं में एक अस्फुट, आवेगमय पुकार छुपी है : पंक्ति से छूटे हुए, जीवन से रूठे हुए, हाशियाबन्द लोगों की प्रखर अन्तर्दीप्ति निवेदित पुकार :

> 'कुतुब मीनार की नींव का पत्थर है मेरी पीठ
> लाल क़िले का लाल रंग मेरा ही तो लहू है,
> जड़ा हुआ हूँ मैं खजुराहो के मन्दिर पर खड़ी
> युवती के कर्णफूलों में
> छिपा हुआ हूँ उसकी आँखों में चमक बनकर,
> गुँथा हुआ हूँ एलोरा के शंकर की जटाएँ,
> मन्दिरों में जीवन्त देव–प्रतिमाएँ बनकर!'

गलियों से गुज़रने वाले ठठेरे ('ठक–ठक') 'एलजीबीटी के लोग ('खुदरंग')' माइयाँ ('किचनवाली') जैसे जीवन्त किरदार ही नहीं, शहरों के धुमैले शोर में मुरझाये पड़े–जन्तु और पेड़–पौधे ('अमलतास', 'गिलहरी के बच्चे', 'बड़े शहर के पंछी' आदि) भी चिन्मयी के आत्मीय उदबोधन के विषय हैं!

बाहर से इतनी गम्भीर दीखने वाली चिन्मयी के भीतर छुपी नटखट बच्ची से मिलना हो, उसकी विनोद–वृत्ति और उसकी प्रखर राजनीतिक चेतना का आस्वाद लेना हो तो उसका प्रहसननुमा काव्यायोजन 'राम नाम असस्य है' पढ़नी चाहिए जहाँ अकबर और श्रीराम दोनों नाम बदल देने की याचिका लेकर एक सरकारी दफ़्तर की क्यू में खड़े हैं। खड़े–खड़े आपस में वे जो बातें करते हैं–खासी दिलचस्प हैं। पढ़े–लिखे युवक–युवतियों के मन में संस्थाबद्ध धर्म के प्रति एक विरक्ति–सी समा गयी है! आतंकविह्वल इस युग में वे पर्यावरण सजग एक धर्मेतर अध्यात्म के नियोजक होकर उभरे हैं। उनके इस नये सहकारितामूलक अध्यात्म में 'मुँह में राम बगल में छुरी' की कोई संकल्पना नहीं है।

कम्प्यूटरशासित इस युग में भावनात्मक सुरक्षा देने वाला प्रेमी एक 'स्क्रीन सेवर' है! 'तीस में टीनेज़' का बाँकपन लिए अपने फ़क़ीराना तेवर में स्त्री कहती है :

मुट्‌ठी–भर वक़्त डाला एक जेब में,
मुट्‌ठी–भर साँसें दूसरी में,
और कहा उसने कि जाओ!

ग़ौरतलब है कि दोनों जेबों में सूराख था, फिर भी चिन्मयी की पीढ़ी नयी तरह की काल–संचेतना के साथ कोरोना–काल में भी ख़ाली सड़कों पर घूमी–खाने के पैकेट, जीव–मात्र के लिए ढेर–सा दुलार और प्राणों में प्राण लौटा लाने वाले कुछ मनहर गान लिए! स्त्री–पुरुष और प्रकृति/ब्रह्माण्ड के बीच का अनूठा सामंजस्य एक अभियान की तरह इसने चलाया। सार्वजनिक संकट में आदर्श नये सिरे से परवान चढ़ते हैं–चिन्मयी की कविताएँ इसके प्रति हमें आश्वस्त करती हैं! सन्तोष का विषय है कि नयी पीढ़ी में धीरे–धीरे यह समझ विकसित होने लगी है कि जीवन का मूल मन्त्र गिरहकट्‌ट स्पर्द्धा नहीं, एक हँसमुख दोस्त–दृष्टि बिखेरती सहकारिता है।

-अनामिका

अनुक्रम

नाम

नाम नहीं लिक्खा अपना,
पर उँगलियों के निशान छोड़े हैं।
नाम लिखना मुझे मंजूर नहीं,
मगर अपनी साँसें इनमें झोंकी हैं।

ऊँची ऊँची गुम्बदों–मीनारों में
अपनी छाप छोड़ी है मैंने चौबारों में।
ताजमहल की नक़्क़ाशी में, बेलों में, बूटों में
मैं ही तो दफ़न हूँ दीवारों के सीने में।

कुतुब के मीनार की नींव का पत्थर है मेरी पीठ,
लाल क़िले का लाल रंग, मेरा ही तो लहू है।
गड़ा हुआ हूँ मैं खजुराहो के मन्दिर पर खड़ी
युवती के कर्णफूलों में
छिपा हुआ हूँ उसकी दमकती आँखों में चमक बनकर
गुँथा हुआ हूँ एलोरा में, शंकर की जटाएँ बनकर,
और सैकड़ों मन्दिरों में जीवन्त देव प्रतिमाएँ बनकर।

कौन हूँ मैं? क्या पहचान है मेरी?
खड़ा हूँ चारों तीरथ में रचने वाला बनकर।
सैकड़ों राजों–रजवाड़ों के महलों, क़िलों को
सींचा है मैंने अपने पसीने से,

जो खड़े हैं अब तक सर उठाये धरा पर,
मिट गये राज, लुट गये तख़्त–ओ–ताज कब के।

कोणार्क के मन्दिर में सूर्य की किरणों में
तेज बोया है मैंने अपने हाथों से।
सँजोया है खुद को साँची के भव्य स्तूप में।
घोल कर पी गया हूँ अपनी रचना को
और अपनी हर रचना में रचा हूँ मैं।

सत्य की खोज में भटकता रहा सदियों तक
कभी जंगल में कभी पहाड़ों में।
भेद जो खुला तो लिखता गया वेदों में,
तभी तो गूँज रहा हूँ मैं वेद मन्त्रों में ध्वनि बनकर।
आहुति दी है मैंने अपनी, वेदान्त के दर्शन में
जो दहक रहा हूँ अब तक उसकी लौ बनकर

रागों रागिनियों को सुनता गया रचता गया
जो कुछ सुना बस पिरोता गया रचता गया
क्या मेघ क्या मल्हार क्या बसन्त क्या बहार
बिखेर दिये सुर वाणी में और रच दिया सुरीला संसार!

अपनी कल्पना में उजागर हूँ मैं
अपनी अभिव्यक्ति में व्यक्त हूँ।
नाम लेकर मुझे मेरे निर्माण से अलग मत करो!
जब रचने वाले ने नाम नहीं लिखा अपना चाँद तारों पर
धरती पर, नदी पहाड़ों पर,
तो मैं कौन हूँ नाम देने वाला, नाम लेने वाला
कुछ भी नहीं हूँ मैं।।

दूसरी उड़ान

जहाँ तक नज़र जाती थी वहीं तक जाता था वो हर रोज़
मिटा देता था दूरी ज़मीं से आस्माँ की।
जब भरता था पंखों में हवा,
तो चीर देता था अपने बदन से क्षितिज को।

इश्क़ था हवा उसका, जुनून थी उड़ान
कौंधता था बिजली की तरह जब कभी,
उड़ने वालों की क्या बिसात,
बादल भी कर लिया करते थे झुक कर सलाम।

टकटकी लगाकर देखता समाँ,
जब कई–कई दिन, कई–कई रात,
वो हवा को छानता रहता पंखों के दरमियाँ।
पहाड़ियाँ देखा करतीं मुँह बाए उसको,
कि कब थमेगी ये उड़ान, कहाँ रुकेगा ये बाज़!

उड़ने के हुनर को पंखों से तराशा था उसने
आसमान से गोता लगाता, अचानक
उड़ा ले जाता धरती की गोद से छीनकर शिकार!
धड़कनें रुक जाया करती थीं वादी की जब
खंजर बनकर टूटता था उसके पंजों का वार!

हज़ारों घण्टे का अभ्यास था आसमान को भेदने का
ज़मीं को बिना छुए ही, छू कर निकल जाने का
मुड़ने के हुनर को, आख़िरी हद तक साधा था उसने
भूलकर भूख भूलकर प्यास।

उसकी उड़ान ही मील का पत्थर थी उस वादी में,
हर परिन्दे का सपना थी बाज़ की उड़ान।

❍ ❍ ❍

मगर बाज़ अब हो चला है बूढ़ा,
समय के साथ।
नाख़ून झुक रहे हैं नीचे को,
चोंच मुड़ रही है भीतर को,
और बड़े फैले पंखों की
अब बिखर रही है छाँव।

रौशनी आँखों की जो भाँप लेती थी पत्ते की हरकत को,
अब बुझी सी लगती है, कुछ फीकी कुछ निराश।
लगता है समय खा गया है जोश को, दीमक बनकर।

कबूतरों में अफ़वाह उड़ी है धूल की तरह,
कि बाज़ पागल हो चुका है
न खाता है ना पीता है,
बस कुछ है जो ढूँढ़ता फिरता है।

चुभती है चील कौओं की तीखी नज़र!

'बहुत उड़ा करता था हवा में
अब ये भी रहेगा हम जैसा बनकर
करेगा इन्तेजार किसी के मरने का
और लड़ेगा हम से लाशों के ढेर पर''!

लेकिन मंजूर नही था बाज़ को चील–कौओं का जीवन
मरना मंजूर था जो भर नहीं सकता उड़ान।

पागल तो था ही, उड़ चला चीर कर सन्नाटे को,
टूटे फूटे पंख लेकर, और भीतर एक आग!
ख़ुद को फिर नया करने का अब भूत सवार था उस पर
सो जा बसा सबसे अलग–थलग ऊँची चोटी के पार।

नोंच डाले सारे पंख उसने अपने ही आप
और तोड़ डाले नाख़ून पत्थरों पर चोट कर
रही बाक़ी बस एक चोंच थी वो भी,
तोड़ डाली चट्टान के सीने पर मारकर।

कुछ ख़ून बहा, मन ख़ूब जला,
वो जलता रहा तड़पता रहा,
रोता रहा कई–कई रात
रात का सन्नाटा भी, रोया उसके साथ।

❍ ❍ ❍

यूँ बीत गये कई रोज़, बदला मौसम का मिज़ाज,
बाज़ सूखकर, काँटा बनकर करता रहा वनवास।
जैसे तेज़ बारिश के बाद फूटते हैं बीज अंकुर बनकर
फिर आये नये पंख, नयी ऋतु के साथ।

सूख गये आँसू भर गये सारे घाव,
नयी चोंच और नये नाख़ून फूटे उसके बाद।
तीन महीनों के अन्तराल के बाद
फिर उड़ चला बाज़, नये हौसलों के साथ!

आँखें धुँधली ज़रूर थीं मगर,
अब तजुर्बे का चश्मा था उसके पास।

दौलत

मुट्ठी भर वक़्त डाला एक जेब में,
मुट्ठी भर साँसें डालीं दूसरी में,
और कहा उसने कि जाओ!
तुम्हारी ज़िन्दगी हुई शुरू
जियो! जो जी में आये, करो!

याद रहे मगर ये, कि
दोनों जेबों में हैं सुराख
धीमे धीमे ही सही,
रिस रहा है वक़्त
रिस रही है साँस।

और अब वो लेटी है बिस्तर पर,
अकेली...
मुँदी हुई आँखें हैं और साँस है उथली
अब कोई नहीं है उसके पास।

दोनों हाथ बार–बार टटोल रहे हैं जेबें
और हाथ आये तो कुछ खनक़दार सिक्के,
चन्द सिक्कों की आवाज़।

निर्वाण

गिरफ़्त में क्या आज़ाद भी रह सकते हैं?
हाँ, रह सकते हैं।
उसकी बाँहों के घेरे में फना होकर देख लिया।

बेहोशी में भी, होशमन्द रह सकते हैं?
भीड़ में भी एकान्त ओढ़े?
हाँ, रह सकते हैं...
बहुत शोर में भी ध्यानमग्न?
रह सकते **हैं**।

उसकी ठहाकेदार हँसी में,
हँसता खेलता निर्वाण चख लिया।

चकरघिन्नी

दौड़ धूप का खेल कब तक खेलोगी धरती माई
क्यों नहीं ज़क ले लेतीं कभी
कि जी नहीं खेलना ये खेल अब और,
आज से छुट्टी कुछ रोज़।

कहती क्यों नहीं सूर्यदेव से?
कि आज तुम्हीं चक्कर काट आओ
और मैं ज़रा डॉक्टर को दिखा आऊँ
कई रोज़ से है बदन में दर्द।

आख़िर उनके भी तो ये बच्चे हैं,
कुछ दिन वो ही सम्हालें,
कहाँ बरसाना है,
खिलाना पिलाना है।
कहाँ देनी है सूख की सज़ा,
कहाँ चलानी है तेज़ हवा।
वही देखें कुछ दिन,
उनके घुटने नहीं दुखते बैठ–बैठकर?

"मैं नहीं बैठ सकती", धरती बोली...
कभी देखा है कामकाजी औरतों को आराम फरमाते?
ट्रेनों में, मेट्रो में, किचन या सड़कों पर?

उनकी आँखों के चारों ओर जो काले घेरे हैं
वो मेरी ही धुरी है, इसी धुरी पर मैं
नाचती रहती हूँ आठों पहर
इधर से उधर।

मैं नहीं बैठ सकती, मेरी साधना अलग है
सूर्यदेव बैठ सकते हैं, मौन योगी बनकर।

राहत

कई रोज़ हुए, जुगनुओं के पीछे भागना छोड़ दिया
मैं हाथ नहीं बढ़ाती, वो पास से गुज़र जाते हैं।

नया फ़ितूर चढ़ा है अब।
ताश के पत्तों की इमारत बनाती हूँ,
पत्ता–पत्ता जोड़कर बनता है नौमंज़िला महल।
और फिर फूँक मार कर देती हूँ तितर–बितर
धड़धड़ाते गिरते हैं सारे पत्ते इधर–उधर।

जैसे तस्वीर पूरी होने को हो,
और स्याही गिर जाये कैनवास पर।
या फिर हार, बस पूरा होने को हो और छूट जाये हाथ से डोर।

कुछ जुनून सा सवार है–पहले ताबीर का
फिर तबाही का, फिर ताबीर कर..
बुनकर–उधेड़कर, फिर बुनने का
फिर उधेड़ देने का।

किसी तूफ़ान के थमने के बाद जो मिलता है
वही सुकून मिलता है, वही राहत।
बनाने–उजाड़ने के लम्बे सिलसिले के बाद...

पर अब ये सिलसिला बहुत हुआ
कुछ और चाहिए...
चलो फिर किसी अँधेरे रास्ते पे चलें
सूनी है आधी रात...

जाकर उन जुगनुओं को पकड़ें
जो पास से होकर गुज़रे थे
शायद हाथ आ जायें इस बार...

महाकुम्भ

फिर आया कुम्भ बारह बरसों के बाद।
हज़ारों करोड़ों लोगों के अब धुल जायेंगे पाप
मिट जायेंगे सारे विकार, शान्त होंगे सन्ताप!

क्या पाप किया था गंगा ने जो उसे मिला ये श्राप?
जो रो–रोकर, मैली हो–होकर, धोये तुम्हारे पाप,
और फिर जुट जाओ तुम उन्हें सँजोने में
कि फिर आयेगा कुम्भ, बारह बरसों के बाद।

कितने जले दशानन, कितनी बार जली होलिका
भीतर बैठा रावण, हँसता है हर बार।

हर साल चढ़ेंगे–धतूरे, भाँग और शराब।
शंकर करेंगे विषपान,
ढोएँगे देवताओं का अभिशाप।
न मिटेंगे द्वेष न भोग न विलास।
और टूटेंगे संकल्प तुम्हारे–जैसे कच्चे कुम्भ!

एक नदी और भी थी,
जो बहती शान्त होकर, मन के भीतर।
बहती लेकर तेज अपार
वो नहीं रही जब, तो कौन धोये विकार
कौन मिटाये सन्ताप?

अब कुम्भ आते हैं, जाते हैं।
और तमस से भरे कुम्भ, कुम्भ में लेते हैं स्नान।
गंगा करती है प्रतीक्षा उस दिन की,
कि जब फूटेगा ये महा–कुम्भ विराट
और टूटकर बिखरेगा घना अन्धकार!
बजेगा शंखनाद, और ज्वाला–सी बहेगी ये नदी
फिर एक बार
लौमान कुम्भों से जलती–उजली धार।

आवाज़ों का जंगल

क्या कहे–सुने जाने के बाद भी,
भँवरों की तरह आसमान में मँडराते फिरते हैं स्वर?
या आवाजों की तरंगें एक–दूसरे से मिलकर
बन जाती हैं बड़े शोर का बवण्डर!

रात गये भटकते हों वो बवण्डर
किसी खोयी हुई आवाज़ की तलाश में,
और उसे देखकर,
गपक कर जाते हैं उसे भी अपने भीतर!

या बहुत सारी आवाज़ों की लताएँ मिलकर
बन जाती हैं आवाज़ों का एक घना जंगल,
जिसमें हर तरह का संगीत, शोर–शराबा है लिपटा
घुप्प अँधेरे की तरह।

उसी आवाज़ों के जंगल से,
मुझे अनहद नाद के सफ़ेद फूल चुनकर लाना है आज।

गिलहरी के बच्चे

बरसात की काली–घनघोर
वर्षा वाली रात।
जिसमें गुलमोहर की डाल पर,
दो डालियों के बीच में,
छोटे से घोंसले में गिलहरी ने,
बच्चे दिये चार,
और रच दिया एक संसार।

तड़के गुलमोहर ने देखा
उसके काँधे पर घोंसले में
नन्ही–नन्ही कलियाँ चार
छोटे–छोटे मुँह बाए
तकती चारों ओर।
गुलमोहर के भीतर भी
उन्हें देख उमड़ा प्यार!

दो ही हफ़्तों में, चारों बच्चे यहाँ वहाँ फुदकते
डालियों पर लटकते, गिरते पड़ते
उनकी छीना झपटी, कूद फाँद,
निहारा करता गुलमोहर।
सोचता, हाथ बढ़ा कर गोद में ले लूँ इन्हें
मन मसोस कर रह जाता हर बार।

पके चावल के दानों के जैसी नन्ही उँगलियाँ
गुलमोहर के सख़्त, झुर्रियोंदार बदन पर सरसरातीं
उसकी खुरदुरी डालियों को मज़बूती से थामे
रहते नाज़ुक हाथ
अपनी पैनी नज़र से उनकी अम्मा देखा करती सारे करतब
गुलमोहर के साथ....

उनके सरसराने से, छूने से,
गुलमोहर का तन सुकून से भर उठता।
एक सिहरन–सी दौड़ जाती उसके भीतर
और काँप जाती उसकी विशाल काया।

मगर कल से घोंसला ख़ाली हो गया,
गिलहरी का परिवार कहीं और जा बसा।
रात बहुत सूनी थी, गुलमोहर बहुत अकेला।

एक पत्ता धीरे से टपका
गुलमोहर यकायक बूढ़ा हो चला।

आज की ताजा ख़बर

आज की ताज़ा ख़बर है देखो ख़बर चली
यहाँ भी देखो, जहाँ भी देखो ख़बर चली
सुबह से रात, आठों पहर जली फुलझड़ी,
ऐसी की तैसी, कैसी–कैसी ख़बर चली।

ताज़ा है पर बदबूदार सड़ी गली सी।
बड़ी घमण्डी तुड़ी मुड़ी सी गुड़ी मुड़ी सी।
नहीं बनी है फिर भी देखो बनी ठनी सी।
बल बल करती खलबली सी ख़बर चली।
बिन सर पैर है फिर भी देखो जबर चली!
आज की ताज़ा ख़बर है देखो ख़बर चली

यहाँ से काटो वहाँ से छाँटो,
दिखनी चाहिए बड़ी बड़ी सी।
ब्रेकिंग वाली रंग बिरंगी।
तोलो मोलों माल तो जोड़ो,
2 के 4, अरे आठ ही ले लो।
दुबली पतली नहीं चलेगी!
मलाई की मोटी परत चढ़ेगी
तभी तो असली ख़बर बनेगी
असली वाली ख़बर चलेगी!

क्यों मिले थे (गीत)

क्यों मिले थे हम अगर
दूर जाना था लिखा
एक पल के लिए सही
देख तू मुड़कर ज़रा
आख़िरी साँस तक मैं हूँ यहाँ
तेरे लिए।
एक आवाज़ तो तू दे कभी
मैं हूँ तेरे लिए।

वो फ़लक भी है कहीं
हम मिलेंगे जहाँ कभी।
ना वक़्त का पहरा जहाँ
ना कुछ ग़लत ना कुछ सही।

ख़ुदरंग (गीत- LGBT day के लिए)

दिल में है जो, कह भी दो
जो अनकही, है दबी,
जो भी है, सच तो है,
क्या ग़लत, क्या सही।

दुनिया के रंग दुनिया के ढंग,
कब तक लिए हम चलते रहें?
खाँचों में बन्द, क्यों रहें
गर हैं अलग तो, क्यों ना कहें?
तू ही है तेरा चलन,
तू ही है, ख़ुदरंग।

क्या मज़हब, क्या रीत है,
घुटता है दम तो, कैसे सहें?
कुदरत में जब सब एक है
भेद कैसे, क्यों मान लें?
तुझमें ही है, तेरा ख़ुदा
तू ही है तेरा धरम।

ठक ठक

कभी कभी वो नज़र आता है,
जब मेरी गली से गुजरता है।
लम्बे काले घुँघराले बाल,
लम्बी काली टोपी,
लम्बादे जैसा काला लम्बा कोट,
लम्बे काले बूट,
जो करते चलते हैं ठक ठक ठक!

कभी तो तेज सरसराता हुआ
गुज़रता साइकिल पर, चहकता हुआ।
तो कभी सुस्त थका थका, गहरी साँसें भरता।
कभी इत्मीनान से टहलता,
तो लगता आज गली में सब कुछ है ख़ुशनुमा।

कभी रुकते नहीं देखा उसको।
पलते नहीं देखा, ना कभी पीछे मुड़कर देखते हुए पाया।
जब कभी सुनाई पड़ती उसकी ठक ठक,
मैं सब कुछ छोड़कर भागती और टकटकी लगाकर देखती उसे
और वो भी देखता मुझे अपनी गहरी काली आँखों से।
तेज़ाब–सा काट दें कागज़ को, ऐसी तेज़ निगाहों से।
चीरकर निकल जाती उसकी नज़र मगर,
नहीं रुकती उसकी ठक ठक ठक।

गोताखोर

अजब संसार उकेरा है तुमने
इस कविता में...
नायाब रंगों का अनोखा संसार!

कब लिखा था इसे?
किस माहौल में कंसीव किया था?
क्या वजह थी, क्या मनोदशा,
क्या समाया था तुम्हारे ज़हन में?

वो क्या नज़ारा था,
क्या कुछ बिखर रहा था उस वक़्त,
तुम्हारे भीतर और आस–पास,
बताओ ना मुझे?

क्यों ना यूँ करें,
कि तुम मुझे बता दो वो तारीख़, वो समय,
और मैं उस क्षण में गोता लगा दूँ तुम्हारे पास!
लिखते हुए देखूँ तुम्हें, बस देख भर लूँ एक बार।
पढ़ डालूँ तुम्हारे चेहरे की लकीरें,
पी जाऊँ तुम्हारी पनीली आँखों में उतरती
इस कविता को अपनी आँखों से।

शायद कुछ काग़ज़ फाड़–फूड़ कर फेंके हों तुमने
वो वहीं गिरे पड़े रह गये हों, उन्हें खोलकर देख लूँ।
मुट्ठी में दबोच लूँ एक बार उन्हें,
जैसे तितली को दबोचने से पंखों के रंग लग जाते हैं
वैसे ही तुम्हारी कल्पना के रंग ले आऊँ अपने हाथों में।

इस नज़्म के साथ शायद कुछ गुनगुना रहे थे तुम।
शायद वो ही पड़ जाये मेरे कानों में,
उसका अर्क उतार लाऊँ मैं अपने भीतर।

जैसे गोताखोर बच्चा सिक्का उठा लाता है नदी से,
मुँह में भींच कर, मैं भी ले आऊँ।
उसी धुन में पिरोयी हुई तुम्हारी कविता
उन्ही रंगों में रंगे तुम्हारे लफ़्ज़,
मैं गाऊँ और सबको सुनाऊँ।

छूटा मोरा देस (गीत)

छूटा मोरा देस
बदरा बुलाये परदेस
ओ रे मना चल अब नया आशियाँ

पोखर सूखे मछरी जाये रे कहाँ
माटी जो सूखे पाखी जाये रे कहाँ
ओरे मना ढूँढ़े नया आसमाँ
ओरे मना चल अब नया आशियाँ

सपनों की चादर ओढ़े बदरा बुलाये
पलकों की कलियों पे ओस झिलमिलाये
निंदिया भी रातों को, उखड़ी उखड़ी जाये
प्यासी–प्यासी अँखियों में चाँद कसमसाये रे।
ओ रे मना चल अब नया आशियाँ।

राम नाम असत्य है

दृश्य–एक सरकारी ऑफ़िस, गहमागहमी का माहौल और लम्बी क़तार–क़रीब 20 लोग लगे थे, सभी मोबाइल पे बिजी थे, पीछे एक सज्जन थोड़े परेशान होकर लाइन को ताड़ रहे थे। वो सबसे लास्ट में आकर लग गये। वो शक्ल से एप्लीकेंट कम, और किसी फैंसी ड्रेस कॉम्पिटीशन से आये पार्टीसिपंट ज़्यादा लग रहे थे। पीछे तीर कमान, माथे पर तिलक, कन्धे तक लम्बे बाल, काफ़ी कुछ रियल राम जी थे। हाँ, धोती–कुर्ता ज़रा सिम्पल और रंग साँवला था।

"अरे भैया अकबर, ये नाम बदलने की अर्ज़ी कहाँ देनी होगी"? (उन सज्जन ने अपने से आगे वाले बन्दे से पूछा।)

"यही लाइन है, यहीं देनी होगी" (पीछे से आये सवाल पर उस बन्दे ने बिना पलटे टका–सा जवाब दिया। वो मोबाइल पर whatsapp forward कर रहा था, सो ध्यान नहीं दिया। फिर उसको एकदम से हिट किया और वो पलटा।)

"आप कौन हैं जनाब? और मेरा नाम कैसे जानते हैं आप?"

"मैं राम हूँ अकबर।" (वो सज्जन शान्त स्वर में बोले)

"कौन राम?" (अकबर का suspense बढ़ता जा रहा था।)

"अयोध्या वाले राम, दशरथ वाले राम, अरे भाई सीता वाले राम!"

"आप भगवान राम हैं"? (अब अकबर के shock का ठिकाना न था।)

"ओहो भगवान मत कहो भई, और ज़रा धीरे बोलो। (राम फुसफुसाये) मीडिया ने सुन लिया तो अनर्थ हो जायेगा"

"आप सचमुच के राम हैं? और वो भी यहाँ? हे भगवान!"

"ओहो, इससे पहले कि मैं भूल जाऊँ, अ...एक सेल्फ़ी ले लूँ भगवान?"(अकबर पूछ बैठा)

(राम ने अकबर को गुस्से वाली नज़रों से देखा)

"देखो अकबर, मैं तुम्हें सब बताऊँगा, पहले तुम थोड़ा ecitement कम करो यार!

क्या है कि मैं ज़्यादा hype नहीं चाहता! किसी ने सुन लिया तो शोरशराबा हो जायेगा।

फिलहाल मुझे तुमसे काम था इसलिए मैंने तुमसे पूछा।"

"देखो, देखो अगर तुम शोर करोगे तो मैं अन्तर्धान हो जाऊँगा।"

"मतलब"?

"अरे...ग़ायब, गायब हो जाऊँगा भाई।"

"ओह नहीं, please रामजी,

Its just that I have... I don't know how to explain...why me?"

"Because I like you Akbar." (प्रेमपूर्वक बोले राम)

"मगर तुम अंग्रेज़ी में क्यों बोल रहे हो अकबर?"

और ये फटी जींस और हिप्पी जैसी टी शर्ट में क्यों हो?"

Shhhh, रामजी please...! This is camouflage!

मैं नहीं चाहता कोई मुझे पहचाने और पीछे पड़ जाये!"

"Oh Ok सॉरी सॉरी, मुझे भी यही करना चाहिए था, ग़लती से असली कपड़ों में चला आया" (रामजी ने गम्भीरता से कहा)

"Really? Are these your real clothes?"

(अब अकबर बेतकल्लुफ़ हो गया था, अपने elements में आ चुका था।)

"हाँ क्यों? क्या बुराई है इनमें?"

"आ...बुराई कोई नहीं, माफ़ करियेगा, बस थोड़े सिम्पल हैं ना? सादे से, भगवान टाइप नहीं है।"

"photos में तो काफ़ी shiny होते हैं, और मुकुट, jewellery वग़ैरह..."

"Are you mad?" (राम अब खिसिया गये।)

"तुम क्या असल में मुग़ल–ए–आज़म वाले कपड़ों में घूमते थे?"

"गरमी देखी है इंडिया में? कौन पागल satin के कपड़े, गहने–लत्ते पहनकर घूमेगा?

वो भक्त लोग सब over कर देते हैं, इतना गोरा कर देते हैं कि अंग्रेज़ शरमा जायें!"

(रामजी अब visibly irritated लग रहे थे, मानो कोई पुराना दर्द बाहर आ गया हो।)

"और इन लोगों का क्या है? टू पीस सूट–टाई पहनकर घूमते हैं अंग्रेज़ों की मोहब्बत में,

जबकि यहाँ का climate और... ख़ैर छोड़ो भी, अपनी सुनाओ, तुम क्यों बदलवा रहे हो अपना नाम?"

"अरे कुछ ना पूछो राम जी!

हमारे कुछ भाई बन्धु–'अल्लाह हु अकबर, अल्लाह हु अकबर' बोल–बोल कर क़हर बरसाते हैं, जाने कैसे–कैसे गुनाह कर जाते हैं, आइसिस फायसिस, जाने क्या क्या

चलाते हैं! अल्लाह हु अकबर कहते हैं मुँह से, हाथों से क़त्ल किये जाते हैं! अल्लाह को तो ख़ैर फ़र्क़ कुछ पड़ता नहीं, मगर हम तो डरे–सहमे जाते हैं!

तो सोचा नाम ही बदल डालें क़िस्सा ख़त्म करें!

(अकबर की दुखती रग पे मानो किसी ने हाथ रख दिया हो)

"हम्म...ठीक है, आधार लाये हो आधार?" अचानक से पूछ बैठे राम।

"हाँ हाँ, सब का सब ले आये हैं हम, राशन का कार्ड, बिजली का बिल और आधार। हमारे पुरखों का जनम यहीं हुआ, ये प्रूफ़ भी लाये हैं साथ।

अ....डोंट वरी, आपसे ये सब नहीं माँगेगे, ये सब...तो हमारे लिए है ख़ास!"

(सुनकर, रामजी ने ली राहत की साँस।)

"अच्छा ये तो बताइए भगवान, आप क्यों बदलवाना चाहते हैं नाम ? अच्छा सुन्दर–सा, छोटा–सा तो है 'राम'?

और आज के टाइम में तो आपकी पॉप्पुलैरिटी पीक पर है, सभी ठोंकते हैं सलाम?"

"अरे अकबर तुम भी लगे मसखरी करने,

हमारे नाम का तो बट्टा ही बिठा दिया है, इतना किया है बदनाम!

हमारे नाम का मिस्यूज़ कर–कर के, यहाँ होते हैं सारे अंट–शंट काम! ख़ुद को हमारा भक्त कहते हैं कुछ लोग, और कभी तोड़ते हैं मस्जिद, कभी फूँक देंगे घर, तो कभी दुकान!

और फिर कहेंगे जय श्रीराम!"

(रामजी ने दुखी स्वर में कहा)

"ऊपर से दिवाली ना हुई, हो गयी दमा की दुकान!

कान फाड़ने की बन गयी तारीख़!

सारे कुत्ते–बिल्लियाँ, बच्चे अलग परेशान!

इतना शोर, इतना धुआँ कि दम घुट जाये,

पिछली दिवाली सुतली बम पे पाँव पड़ गया!

फ़फ़ोले पड़ गये, दर्द भयंकर, ऊपर से अस्पताल खाली– न नर्स न डॉक्टर! सब के सब छुट्टी पर!

फिर कोई लेप ले आये हनुमान,

लेप लगाया तब मिला आराम।"

"अरे अकबर तुम ही बताओ–हमने कब कही मस्जिद तोड़ो?

किसी ने कभी मन्दिर तोड़ा, उसकी मति मारी गयी,

तुम तो अपनी बचाओ, हमने कब कही मन्दिर बनाओ?"

"हम तो कहते हैं धर्म सिम्पल–सा क़ानून है, भला होगा जो करोगे भलाई, बुरा होगा जो करोगे बुराई, बस इतनी–सी बात किसी के समझ में ना आयी।

अरे अगर फॉलो ही करना है तो ग़लतियाँ तो फॉलो मत करो भाई!"

"मतलब?" (Akbar was curious, लाइन में अब दोनों का नम्बर पन्द्रह–सोलह पर आ गया था।)

"अरे भई, हमने कहाँ सब सही किया है, बहुतेरी ग़लतियाँ हमसे भी हुईं।"

"कैसी भूल कौन–सी ग़लती? क्या कह रहे हैं रामजी?"

"अरे भैया, अपने माता–पिता को कैकेयी आंटी के कहने पर छोड़ आये, इस गम में हमारे पिताजी चल बसे, सब कितना– कितना रोये, आँसुओ में अयोध्या डूब गयी।

हमें कैकेयी आंटी को समझाना चाहिए था ना?

कहाँ समझा–बुझा पाये?

वाद–विवाद में निपुण थे, साम, दाम, दण्ड, भेद, जैसे हो, मनाना चाहिए था ना? हाय! मगर नहीं मना पाये!"

(रामजी लगभग रुआँसे हो गये, लाइन धीरे–धीरे आगे सरक रही थी, राम कथा चालू थी।)

"सीता जी को भी ले चले, ख़ैर वो भी महा ज़िद्दी ठहरीं,

जंगल साथ चलना है तो चलना है, हिरण चाहिए तो चाहिए। हमारी सुनने को तैयार ही नहीं!

फिर लक्ष्मण की शिक्षा में भी, हमको लगता है हमने कुछ कसर छोड़ दी।"

"शूर्पणखा ने आकर हम पर धावा बोल दिया!

हमने लक्ष्मण से कहा, उसको सबक सिखाओ

तो उसने शूर्पणखा पर कर दिया हमला और उसकी काट दी नाक! और बस! हो गयी वहीं से युद्ध की शुरुआत!"

अब तुम ही बताओ, कौन–सा प्यार करने वाला भाई,

गुस्से से आग बबूला न होगा? बदला न लेगा?

और देखो वही हुआ जिसका डर था!

इधर लक्ष्मण ने, उधर रावण ने अपना आपा खो दिया!"

(लाइन में अब अकबर और रामजी का नम्बर आठ–नौ था। लाइन घटती जा रही थी और रामजी के इमोशन का स्तर बढ़ता जा रहा था)

"हमने बहुत ज़्यादा रिस्क ले लिया अकबर।

ऊपर से सीता जी को भी रिस्क में डाल दिया।

रावण उनको अगवा कर ले गया,

क्या करते, बैठे–बिठाये युद्ध सर पर आ गया"

"हाँ युद्ध हमने सही से लड़ा" (कुछ विचार कर बोले राम)

"अच्छी आर्मी का निर्माण किया, सही रणनीति बनायी।

हनुमान ने हमारा बड़ा साथ दिया, बस अन्त में चूक हो गयी, अन्त भला ना हुआ।"

"अरे क्या बात कर रहे हैं रामजी?" (अकबर ने आश्चर्य से पूछा।)

"आप तो युद्ध जीते, धर्म की विजय हुई, अधर्म का नाश हुआ?"

"अरे क्या ख़ाक हुआ अकबर, भाइयों में फूट डलवा दी,
एक भाई की मदद से दूजे को मार गिराया,
ये कहो विश्वासाघात हुआ।
हाँ, माना कि everything is fair in love and war,
और यहाँ तो मामला दोनों का था!
फिर भी, यदि हमें मर्यादा पुरुषोत्तम कहते हैं,
तो कोई और भी रास्ता हो सकता था।"
"ख़ैर, यहाँ तक भी बहुत कुछ बिगड़ा न था,
सबसे बड़ी चूक तो ये हुई कि सीता के साथ हमने
दुर्व्यवहार किया!
हमारे मान की ख़ातिर वो हमारे साथ आयीं,
सारे उतार–चढ़ाव में हमारे साथ खड़ी रहीं,
मगर हमने उनको क्या दिया?"
(रामजी की आँखें डबडबा आयीं और गला भर्रा गया।)

"समाज की बातों में आ गये, सीता से अग्निपरीक्षा माँग ली, और pregnancy की नाजुक हालत में उनको फिर वनवास भेज दिया?

हमसे घोर पाप हो गया अकबर, घोर पाप हो गया!"

"हमें लोगों को समझाना चाहिए था, सीता से साथ निभाना चाहिए था! ये हमने क्या कर डाला अकबर, क्या कर डाला!"

(अकबर ने सान्त्वना देते हुए रामजी के कन्धे पर हाथ रखा

और जेब से अपना रूमाल निकालकर थमा दिया)

"Akbar how I wish could change my past

पर ब्रह्मा जी ने ये पावर ही नहीं दिया,

अपील किये हैं, देखो...उम्मीद है कुछ तो होगा।"

(लाइन में नम्बर अब 4–3 पर आ गया,

राम बहुत इमोशनल हो गये थे, अकबर चुपचाप सान्त्वना में सर झुकाये खड़ा था)

"अब तक मना नहीं पाये हैं जानते हो अकबर?"

(कुछ देर बाद राम जी ने. कहा)

"Don't mind, but unlike you, हमारी तो एक ही पत्नी हैं–सीता। उनको भी ठीक से नहीं रख पाये तो काहे का धर्म, कैसी मर्यादा?"

(रामजी ने आँखें पोंछते हुए कहा।)

"Please relax Ramji, I understand..

अब होनी को किसने टाला, आप धीरज रखिए जो होगा अच्छा होगा"

(सान्त्वना देते हुए अकबर ने कहा)

वैसे आपने नया नाम क्या सोचा?"

(बात बदलने के लिए कुछ देर बाद अकबर ने पूछा)

"हम्म...जहाँ तक नाम का सवाल है।" (कुछ ठहरकर बोले राम)

"सोचते हैं सियाराम रख लें अपना नाम!"

(रामजी की आँखों में अचानक से चमक आ गयी और होंठों पे मुस्कान)

"देखो, इसमें दो फ़ायदे हैं–एक–हो सकता है सीता का दिल पसीज जाये,

उनको मनाना हो जाये आसान।"

"दूसरा, लेडीज़ का अब भी थोड़ा–बहुत लिहाज करता है ये समाज,

तो हो सकता है कि ये नाम लेकर लोग धर्म का और हमारा, दोनों का रख लें मान।

एक–दूसरे का ख़याल रखें, आपसी प्रेम और सद्भाव से रहें, हिन्दू हो चाहे मुसलमान।"

वो कबीरा कह गया है ना "एके साधे सब सधे, सब साधे सब जाये"

असल धर्म तो यही है–'प्रेम'– इसको साध लें, तो संसार सध जाये"

"अरे वाह रामजी! मेरे मुँह की बात छीन ली आपने,

बहुत नेक विचार, एक तीर दो काज!"

(अकबर एक्साइटेड होकर बोल पड़ा)

"बस बस, अब से राम मत कहो भई, सियाराम कहो!

तुम्हारा नम्बर आ गया, काग़ज़ निकाल लो, तनिक ध्यान उधर दो!

राम नाम असत्य है! जो है सियाराम है!"

"हाहाहा, जय सियाराम! जय सियाराम!"

(कहकर अकबर ज़ोर से हँस पड़ा!)

"ओहो रावण जैसे मत हँसो अकबर!

चलो आगे बढ़ो! आगे बढ़ो!"

(मुस्कुराकर आगे बढ़ गये अकबर और राम।)

...जय सियाराम!...

बाढ़

"बैठे ठाले कहाँ से तुमको सूझी
कब ये ठानी?
घर के भीतर आन खड़ी हो लेकर सौ मन पानी!"
बहते हुए चश्मे पे झपटी,
पहन के ऐनक, कमर पे रक्खा हाथ झटककर,
तुनक के बोली नानी!

''गाड़ी डूब गयी सो डूबी,
भैंस कूदकर छत पर चढ़ गयी।
बिस्तर डूबा, किचन में पानी,
घर का कोना–कोना पानी।
बाढ़ तुम्हारी कारस्तानी!
जवाब तो दो ओ नदिया रानी?"

कुछ घबराई कुछ सकुचाई
नदी शरम से पानी–पानी
"कहाँ छिपूँ मैं कहाँ से निकलूँ
ना रस्ता न कोई नाली!"

बोली बेचारी हिम्मत कर,
डरती आँखें सहमी–सहमी।

"कह चुकीं जो कहना था
तो मेरी भी कुछ सुन लो नानी।"

"जिसको तुम कहती हो बाढ़,
बाढ़ नहीं–है मेरी ड्यूटी।
हज़ारों सालों से करती आयी
बिन तनख़्वाह–वो वाली ड्यूटी।

हर एक–दो सालों में
भर–भर लाती पहाड़ों से
जो सोना उगले वैसी मिट्‌टी!

फिर बिखेरती मैदानों में
खेतों में, खलिहानों में,
ताकि फले–फूले ये मिट्‌टी
भरे रहें भण्डार तुम्हारे,
और तुम कहती हो बाढ़ है आयी?

कब सूझी मूए अफ़सर को
जाकर पूछो डी.डी.ए को!
मेरे रस्ते के बीचों बीच,
खड़े कर दिये मीलों–मकान।

कब कर ली मीटिंग,
किया सैंक्शन, किया क़रार
बताया नहीं बुलाया नहीं न भेजा नोटिस,
कि रस्ता बदलो अगली बार,
नहीं तो पड़ेंगी गालियाँ सौ हज़ार!

अब मुझको कोई रस्ता दिखाये
कहाँ से निकलूँ जाऊँ कहाँ,
कोई आये मुझको बताये।

जाकर बताऊँ प्लानिंग ऑफ़िस को
कि इमारतें बनायें, ख़ूब स्वैंकी बनायें।
पर नदियों के रूट की जाँच के उपरान्त।
उसके बीचों बीच, घर–ऑफिस का न हो निर्माण!
और हर घर, ऑफ़िस कारख़ाने में,
ख़ासम–ख़ास हो ड्रेनेज सिस्टम!

जब नदी को सूझेगी कारस्तानी
तो घर में तो आयेगी ना बाढ़?

और फिर?
गाड़ी डूबेगी हाँ डूबेगी,
भैंस कूदकर छत पे चढ़ेगी
होगा बिस्तर गीला, होगा किचन में पानी
घर का कोना–कोना पानी,
अरे तुम तो मुझको समझो नानी!"

चल चलें (गीत)

चल चलें एक दिन हम कहीं
कहीं दूर, कहीं दूर...
ना अता ना पता,
रास्ता भी लापता
बस यूँ–ही कहीं दूर।

सुरमई–सी कोई शाम हो,
शाम–सी ही कोई बात हो।
वक़्त थम जाये उलझा हुआ
हाथ में जो तेरा हाथ हो
ले चलो ना ले चलो
चल चलें एक दिन हम कहीं
कहीं दूर, कहीं दूर...

फ़क़ीरा (गीत)

बनके फ़क़ीरा मैं चला जाऊँ,
जिस घड़ी चाहूँ, मैं खो जाऊँ
बादल बनके मैं फिरूँ
बहती नदी–सा मैं मुड़ जाऊँ
बनके फ़क़ीरा।

रोज़ नयी–सी सुबह मेरी
धूप का चोगा डालूँ।
राह पकड़ में जो भी चलूँ मैं
अपनी राह बना लूँ।
रात की चादर ओढ़ के सोऊँ
चाँद का तकिया डालूँ मैं।

रूप बदल के गाँव शहर के
पार मैं जाता जाऊँ।
बाँचूँ ज़मीं के तन की लकीरें
रात की परत उगाढ़ूँ।
दूर देस की बात पिरो के
बानी सबको सुनाऊँ मैं।

हर मौसम का रंग पहन लूँ
क्या बसन्त क्या सावन।

जितना चाहूँ उतना भीगूँ
बारिशें पी जाऊँ।
जो भी चाहूँ मैं बन जाऊँ
पानी राख हवा।
बनके फ़क़ीरा।

अनकही

वो कहता है कुछ कहा क्यों नहीं?
लिखकर भेजा होता।
लिखते कैसे अनकही को?
कहने को कुछ था ही नहीं।

क्या कहूँ कि एक ख़ालीपन है,
जो आया था इक रोज़, लम्बी चादर ओढ़े,
बुत जैसी शक्ल में, उड़ा ले गया मुझे अपने साथ
एक चुप से शहर में...

किसकी क़ैद है ये, किसकी चारदीवारी है?
मेरे ही कई डर, कई वहम, कई भेद बढ़–चढ़कर दीवार
बन गये।
कुछ जुनून कुछ फितूर जाल बन गये
जाल है भी या नहीं, दीवार है भी या नहीं?
पर उसको लाँघ पाना मेरी हद में नहीं।

एक दिन आया था कोई,
मुझको आज़ाद करने।
दरवाज़ा खोला भी उसने, भीतर झाँका भी उसने,
छुप गयी थी उस रोज़ मैं एक कोने में,
और वो लौट गया अकेला ही, वापस अपने शहर
मैं अब भी वहीं खड़ी हूँ, दीवार के साये में।

क्षितिज की ओर

आज कुछ अलग सा हुआ,
कौन सुबह–सुबह ट्रैफ़िक से लड़े, ड्राइव करे,
दूर तक जाना है, यही सोचकर,
सोचा आज मेट्रो से जाया जाये मीटिंग के लिए।
माँ को भी कहीं जाना था तो निकल पड़े माँ के साथ मेट्रो
स्टेशन के लिए।

बातें करते–करते बैठे ऑटो में,
उतरे स्टेशन पर, चलते चले बतियाते हुए
वो सागर वाली मिसेज़ वाजपेयी का क़िस्सा था अधूरा कल
रात से।

जब चढ़े एस्कलेटर पर साथ में,
मैं कुछ पीछे रह गयी और माँ कुछ आगे,
चलती गयीं अपनी ही धुन में
ना जाने किस ख़याल में थीं, जाने किस सोच में।
मैंने आवाज़ दी–"माँ!"
पर वो सुन ना सकीं, और गुम हो गयीं भीड़ में।

आगे जाकर देखा माँ लाइन में खड़ी हैं,
अपनी पनीली आँखों पर चश्मा कुछ ठीक करते हुए
लगीं एकटक देखने, हर रोज़ की तरह,
कि कब आयेगी और वो चढ़ेंगी मेट्रो में।

मैं कुछ तेज़ क़दमों से आगे बढ़कर,
उनके पास आकर खड़ी हो गयी।
कुछ कहे बिना, कि जैसे कुछ हुआ ही नहीं,
वो अचानक चौंक पड़ीं, मुझे देखकर
क्या वो सचमुच ही ये भूल गयी थीं,
कि मैं भी आयी हूँ साथ?

मैंने न कुछ ज़ाहिर किया, न कुछ कहा।
उन्होंने अपने चेहरे के भाव जल्दी से बदले,
और प्रश्नचिन्ह की लकीरों को जल्दी से मिटा दिया,
कि जैसे कुछ नहीं हुआ...

मगर कुछ तो हुआ ही था,
एक झटका–सा कहीं लगा था।
शायद यही समय की करवट है,
आहट है बदलाव की।
बचपन में जब–जब हम मुड़कर देखते थे,
वो हमारे लिए हरदम वहाँ खड़ी थीं।
फिर एक दिन हम बड़े हो गये
उनसे दूर जाने के लिए।

कई बार अनसुना कर देते हैं सुनकर भी,
अनदेखा कर, बढ़ जाते हैं आगे
वो फिर भी रास्ता देखती हैं हमारा,
मगर कब तक?

यही समय है, आगे बढ़कर उनका हाथ थाम लें
कुछ क़दम और साथ चलें
इसके पहले कि वो बहुत दूर निकल जायें,
समय से आगे, क्षितिज की ओर...

अजनबी

कई कई रोज़ तुम्हारी बातें हुई हैं इनके साथ,
वो खिड़की के बाहर जो गुलमोहर के फूल खिले है।
घण्टों लम्बी बातें, सर्दी की गुनगुनी दोपहरों में
चम्पा की शाखों के साथ।

उस रोज़ वो बौराई–सी, हवा एक ख़त लेकर आयी थी
तुम्हारे नाम का ख़त था मेरे हाथ में, और दूसरे में चाय
की प्याली थी।
हवा, फूल, पत्ते और धूप, सब सुन रहे थे तुम्हारी कही–
अनकही
और धीरे–धीरे शाम कितनी सुर्ख़ हो चली थी...
अब तुम नहीं हो तो ये हवा, ये पत्ते, ये धूप, ये गुलमोहर,
ये चम्पा,
सब अजनबी से लगते हैं।

घर

फिर घर बदलने की बात चली है
नया घर चाहिए अब,
ज़मीन का घर—बिना सीढ़ियों वाला
क्योंकि घुटने बूढ़े हो चले हैं अब।

पर क्या घर भी इतनी आसानी से बदले जाते हैं?

एक पिता के कन्धे लगते हैं घर में
और माँ की पीठ भी लगती है,
और बच्चों की छोटी-छोटी हथेलियाँ भी
ये सब कहाँ है अब मकान को घर बनाने के लिए?

सपने छोटे—बड़े, दीवारें रँगने को
और बहुत सारे तार रिश्ते नातों के...
ये सभी तो चाहिए मकान को घर बनाने के लिए।

रिश्ते कुछ दूर—दूर से लगते हैं
बच्चे सालों में एक बार ही मिलते हैं।
बच्चों के खिलौने तो कब के बँट गये भाई—बहनों में।
बस एक छोटी—सी डॉल रखी है एक कोने में, याद—सी
चुपचाप,
अब उससे बातें करने वाला कोई नहीं है इस घर में।

पिता के कन्धे और माँ की पीठ के साथ–साथ,
लगता है ये घर भी अब बूढ़ा हो चला है।

मगर घर तो आख़िर घर है,
बहुत सारी बातें–हँसी गुँथी है इसके सन्नाटे में
इसी सोफ़े में धँसकर हुई कूद–फाँद और कितनी गप–शप!
सोफ़ा तो नया आ जायेगा,
पर वो लम्बी लम्बी दोपहरें, बातों से लदी,
वो कहाँ से लायेगा?

'वो'

शराब पीने वाली, सिगरेट पीने वाली
गाने वाली, मन की कहने वाली,
देवी कहाँ कहलाती है?
वो तो 'उस टाइप' की होती है ना,
'वो' वाली।

जो आलसी भी है और मतलबी भी
किसी की सेवा से उसे, कोई मतलब नहीं,
बस अपनी ही ख़ुशी मात्र में ख़ुश है वो,
वो कहाँ से देवी हुई?

तो क्या वो राक्षसी हुई?
आउच! ज़्यादा ही भारी-भरकम शब्द है ना?
हाँ कभी-कभी राक्षस जैसे ज़ोर से हँसती तो है,
हाहाहा!
मगर उसकी बड़ी प्यारी-सी मुस्कान भी तो ना?

जो एक से अधिक प्रेमी या सम्बन्ध रखती हो,
तर्क तो कभी कुतर्क भी करती हो,
अपने मन से, शरीर से मोह करती हो,
लाज शरम कभी-कभार प्यार में कर लेती हो।
विवाह की लक्ष्मण रेखा को,

खुले आम लाँघती हो, निस्संकोच, अबाध्य!
किसी को भिक्षा देने या लेने के लिए नहीं
स्वतः अपना भक्षण करने के लिए, अपने आप।

शैतान का स्त्रीलिंग शब्द ही नहीं बना
हाँ, जो 'शैतान' बनाये, उसे 'शैतानी' कहते हैं।
तो क्या कहूँ उसे? 'कुछ' तो होगी ही वो?

भले निष्ठुर न सही मगर,
जिसे माँ बनना लगता है ऊबाऊ
क्योंकि वो है महा स्वार्थी, अधीर ,
और कागज़ पत्तरों पर गढ़ चुकी है ख़ुद को कई बार।

अरे औरत है भी की नहीं ?
क्या कहें उसको?

अब वो सीता, सती, सावित्री तो है नहीं,
और इस बात का उसे अफ़सोस भी नहीं
पूजे जाने में उसकी कोई रुचि ही नहीं
आख़िरकार, देवियों को प्राण नहीं होते
उन्हें पत्थर की मूरत बनाकर पूजा जाता है
और उनके लिए रखे जाते हैं उपवास!

सावित्री का तो सारा जीवन ही है व्रत समान!
और उसको? भोजन बनाना, खाना और खिलाना,
जीवन के सारे रस उठाना, ख़ूब आता है रास।

सीताओं का हो जाता है अपहरण
सतियाँ हो जाती हैं राख, और वो?

मार पीट से उसे कोई भय नहीं,
क्रोध में बन जाती है चण्डालिनी
उसका अपहरण कौन करे?
हथियार उठाने में उसे कोई हिचकिचाहट नहीं,
उँगली ज़रा जल जाये मगर,
वो सर पर उठा लेगी आसमान!
हाँ मगर साधना में भस्म हो जाने से
उसे कोई परहेज़ नहीं।

तो क्या कहा जाये ऐसी औरत को,

सजीव तो है वो? जिन्दा तो भरपूर है वो?
मरी हुई नहीं है, पत्थर तो बिल्कुल नहीं!
प्राणों से, जीवन से पूरी तरह लबालब।
वो वाली औरत। तो बस,
'वो' ही हूँ 'मैं'।

मन बावरा (गीत)

मन बावरा तू जाने ना
क्यों तू फिरे दुनिया जहाँ
तू ढूँढ़े जो छिपा कहीं है तुझमें ही यहाँ

सपने कई तूने बुने
राहें कई तूने चुनीं
क्या ख़्वाहिशें, क्या मंज़िलें,
मिल जायेंगी उनमें कहीं
क्यों रात दिन तू भागता है
छोड़ कर सुकून
मन बावरा...

है बह रही ज़मीन पैरों तले तेरे
है उड़ रहा तेरा, वो आसमाँ
कोई मौसम कभी ठहरा नहीं
वक़्त को भी है, जाना कहीं
क्या हाथों में तेरे रुकी है रेत भी कभी
मन बावरा...

तू चल वहाँ (गीत)

दिन बुझ गया, शाम है खिल रही
जुगनुओं का नाच है, चाँदनी बह रही

तू चल वहाँ जहाँ है
तेरे दिल का आशियाँ
बता है कहाँ

भीड़ से इस शोर से
आ चलें कहीं दूर हम
शाम का हाथ थाम लें
आ चलें कहीं दूर हम
ख़ुशनुमा–सा हो समाँ
और ख़ुद से हो तू रू–ब–रू

नाचती है ज़मीन पाँव तेरे चूम कर
बालों से है खेलती ये हवाएँ झूम कर
धड़कनों की बात सुन, अपनी सासों का राग सुन
ले चले दिल जहाँ राह तू भी वो ही चुन
तू चल वहाँ...

नयी सुबह होने को है (कोरोना के बाद)

हाँ रात बहुत गहरी थी,
घनघोर आँधी–तूफानों वाली रात।
नौकाओं की समन्दर में, समाधि वाली रात।
तारों को घोल कर पी जाने वाली रात।
भयावह काले बादलों वाली रात।

मगर अन्तिम घड़ी आ ही गयी!

जो सहना था वो बीत चुका
सबसे कठिन समय अतीत में था
परीक्षा की घड़ियाँ अब हुईं समाप्त।
सूर्य की किरणें हो चुकी हैं तैनात!
विजय रथ चल चुका है अब
बिगुल बज चुका है बस!
बदलाव की हो चुकी है शुरुआत।

देखो!
किरणों के तीर आसमानी धनुष से बरस रहे।
रात धीरे–धीरे सिमटती जा रही।
मनुष्य विपत्ति से लड़कर आगे बढ़ता जा रहा।
संघर्ष थोड़ा और है मगर,
विजय हमारी पक्की है। विजय हमारी पक्की है।

यही समय है, वीर–धीर मन को दृढ़ करने का
सारी मानवता को साथ लेकर चलने का,
और विपत्ति को ये दिखलाने का
हार हमें मंजूर नहीं, हार हमें मंजूर नहीं!
चाहे कोई भी विपदा आये, हम लड़ जायेंगे
जीत का ध्वज लहरायेंगे,
जीत का ध्वज लहरायेंगे!

स्वप्न

तुम मेरा वही स्वप्न हो न?
जो अचेतन और चेतन संसारों के बीच में,
सुनहरे रोयें–सा, उलझ कर रह गया है?

वो जो सीपियों–सी, मूँदी हुई आँखों में लिपटा हुआ है
तभी तक, जब तक कि नींद तार तार होकर तर न जाये।
रात झरने–सी बह न जाये,
और चाँद पनीला–सा, उसमें बलखा रहा है जब तक।

इससे पहले कि सारी रात की चादर समेटकर
वो पूरा ही उतर जाये किसी और लोक में...
धरती में उतर जाने से पहले, ओस की बूँद,
जैसे ठहरती है पत्ते पर, वो तुम ही हो न?

जैसे–जैसे किरणें पड़ रही हैं ज़मीन पर
चाँद और ओस की तरह, वो स्वप्न भी...
मुझसे छूटता जा रहा है...

बहुत कोशिश की,
चाँद को बाँहों में लिए,
थोड़ा और देर सिमटी रहूँ।
रात को, ज़रा देर और ओढ़ लूँ
मगर सूरज आसमान में उतर चुका है।

तुम मेरा वही स्वप्न हो,
जो लाख कोशिश के बावजूद,
मन की मुट्ठी से फिसला जा रहा है,
पानी की तरह।

पूरक

चाँद हमेशा पूरा है
न आधा न अधूरा है
रौशनी का खेल है सारा
परछाईं का धोखा है।

प्यार, शादी, सन्तान
कहो कौन मेरा पूरक है
रिश्ते–नाते, काम, नौकरी
मैं हूँ या विस्तार हैं ये?

कौन अधूरा है यहाँ,
कौन किसका पूरक है?

एक आधा इश्क़ तुमसे,
एक अधूरा–सा उससे
बहुत सारा पागलपन
हरदम मेरे भीतर है
क्या वो मेरा पूरक है?
बस क़िस्सों का एक मेला है
अरमानों का लेखा है।

चाँद तो हमेशा पूरा है
न आधा है न अधूरा है।

डिप्रेशन

काले घुप्प अँधेरे में टटोलते एक क़तरा रौशनी
अनिश्चित, अस्थिर, यहाँ–वहाँ पटकते, टकराते,
ठोकर खाते हाथ
कहीं कोई खिड़की दरवाज़ा, बेतहाशा ढूँढ़ते
जिसमें क़ैद हो साँस...

जिस्म में सब रुका–रुका सा
ख़ून रगों में कुछ सहमा डरा–सा
और फेफड़ों में एक–एक पोर को भर रहा
उम्मीद को निगल रहा
काली, गाढ़ी स्याही का सैलाब।

देह अपने आप को छोड़कर–तोड़कर
सब कुछ चूरकर भागने को बेताब।
घुप्प अँधेरे में कहीं तो रौशनी हो
कहीं तो हों, जो बचा सकें, वो हाथ।

स्क्रीन सेवर

बर्फ़ से ढँके सुन्दर पहाड़,
नीला–नीला आसमान,
और चिड़ियों का झुण्ड।
ये सब कुछ तैर रहा है
मेरे स्क्रीन सेवर पर।

फिर अचानक से आया,
एक नोटिफ़िकेशन।
और स्क्रीन सेवर ग़ायब!
ईमेल खुला, 'अर्जेंट डेड लाइन' सब्जेक्ट के साथ,
और निगल गया पहाड़ और नदी को, एक झटके के साथ।

फ़ाइलें, फ़ोल्डरों, एक्सेल शीट्स का अम्बार
छुपा हुआ था उसके पीछे एक गुफा में।
जैसे स्लम्ज़ को छुपाने के लिए
बनाये जाते हैं पार्क और फ़्लाइओवर!
वैसे ही कम्प्यूटर पर होते हैं स्क्रीन सेवर।

जैसे तुम हो, मेरी ज़िन्दगी का स्क्रीन सेवर।
मेरी स्लेटी रंग की ज़िन्दगी पर, एक सुर्ख़ गुलाब।

अमलतास

रोज़ ऑफ़िस आते–जाते दिखाई देते हैं
हाइवे के नीचे वो छिपकर रहते हैं
गन्दे–गर्दूले कपड़ों में, गन्दी मैली शक्लों में
ईंट पत्थरों में कूदते–फाँदते, शोर मचाते बच्चे।

सिग्नल पर कभी भीख माँगते
कभी सस्ते खिलौने–कंघी बेचते
चार सौ की किताबें सौ में बेचते
मटमैले से बच्चे।

अब भी जीवन की लपटों में
झुलसी नहीं हैं ये शक्लें।
शोलों से खेलने का शौक़ पाले हैं
मुस्कुराहट लम्बी खींची हुई,
हँसी चहकती है आँखों में
बेधड़क और बेबाक़, वो चमकीली आँखें!

जैसे अमलतास चहकते हैं गर्म हवाओं के थपेड़ों में,
खिलते हैं फूलते हैं मई–जून के बेरहम मौसम में।
लुटाते हैं रंग और कहते हैं सूरज से कि और बरसो!
ख़ूब बरसाओ अँगारे और आग की लपटें,

हम बसन्त के बिना भी खिलेंगे, फूलेंगे, बढ़ेंगे।
हार नही मानेंगे, ना ख़ुद को बिखरने देंगे
तब तक जब तक ये मौसम फ़िर करवट नहीं लेता,
और नहीं मिटा देती आग की लपटों को,
बारिश की एक फुहार।

एक रात जंगल में

झींगुरों के गाने पर
जुगनुओं का धीमा नाच,
गोल गोल फेरे लेते
धरती और कास।

शरमाया सा चाँद
सिमटा है बदली में क्यूँ,
"पूरा तो नहीं हूँ अब तक,
क्यूँ फिर मुँह दिखाऊँ आज?"

आहिस्ता आहिस्ता, आ रुका वो
दो डालियों के बीच
कि तभी हिल उठी शाख जो चली,
मन्द मन्द बयार।

सराबोर हैं धरती–गगन और मैं।
इस मायावी दृश्य से, स्तब्ध हूँ मैं,
कि कौन हैं वो हाथ
जो रच रहे हैं ये रात।

एक नज़्म पड़ी मिली

धनिये की क्यारी में,
मिट्टी में लथपथ,
भीगी हुई
बेमौसम की बारिश में
पड़ी मिली मुझे वो नज़्म आज।

हाथों में लिए उसको,
चली आयी भीतर।
काँप रही थी वो,
सूख रही है अब
सिगड़ी के पास।

सुबह तक उड़ा दूँगी आसमान में।
वो भी तो चारदीवारी में,
यहाँ ख़ुश नहीं।

छोटे शहर में

कुछ सादगी, कुछ भोलापन
और कुछ इत्मीनान
बचा है अब भी छोटे शहर में,
वरना क्या यूँ ही गीत, कविताएँ
उमड़ आते हैं ज़हन में?

बड़े शहर में तो कविताएँ
अध सिली, अध–खुली,
आधी तिरछी–सी कटी
बेडौल–बेढंगी
कट–कट कर आती हैं
कांक्रीट के जैसी।
बहुत जोड़–तोड़ कर
किसी तरह....
उतरती हैं कागज़ पर।
वही यहाँ आकर,
बह चली हैं निरन्तर धार।

महानगर से बाहर आते ही
जैसे ख़ून फिर दौड़ पड़ा हो नसों में
भौंहें थीं चढ़ी–चढ़ी,
तनाव से तनी–तनी

साँसें उथली–उथली,
बहुत ज़ोर से नब्ज़ पकड़ रखी थी किसी ने।

क्या बात है यहाँ की आबोहवा में
कि हर बार छोड़कर फिर लौट आती हूँ मैं?
बहुत बेचैन रहता है मन बड़े शहर में।

बस मैं ही यहाँ आने को बेताब रहती हूँ
ऐसा भी नहीं है,
एकतरफ़ा ये इश्क़ है
ऐसा तो नहीं।
ये शहर भी मेरा रस्ता देखा करता है ज़रूर
अधूरा–अधूरा सा रहता है मेरे बिन।
आस में उठता है हर सुबह
कि अगली ट्रेन से आ जाऊँगी मैं लौटकर।

ख़ुशनुमा–सा प्यार बनकर मिलता है गले
जब कभी मैं चली आती हूँ लौटकर,
अपने छोटे से शहर में।

प्यार साढ़े चार बार

अरे यार, किसने कहा?
प्यार होता है एक बार?
ये सिनेमा नहीं है 90 वाला,
न हम हैं शाहरुख़ ख़ान,
न करण जौहर वाला है हमारा ख़ानदान!

ये है ज़िन्दगी!
तो इसमें तो होगा कई बार, बार–बार।
हमको भी हुआ, साढ़े चार बार!

उलट कर गया ज़िन्दगी को,
निचोड़ कर गया हमको,
तितर–बितर कर गया समझो,
फिर भी हुआ अगली बार,
एकदम शुद्ध, असली प्यार!

और हमने भी,
न आव देखा न ताव,
बस, लगा दिया दाँव!
दाँव, बहुत महँगा पड़ा,
मगर जो सस्ते में निपट जाये,
वो प्यार कहाँ हुआ?

इश्क़ कह लो
प्यार कह लो,
प्रेम कह लो
मर्ज़ी है तुम्हारी।
भाषा कब पड़ी है,
मोहब्बत पे भारी?

इसके जज़्बातों में ख़ुद को बह जाने दो,
इसके धुएँ में हो लो रवाँ।
ये कुदरत का इतर है वो भी फ्री,
तब महक उठती है जब आग हो गरम
भाँग–सा चढ़ता है जब और गरम हो!

और उतरता है तो बुरे हैंगओवर की तरह,
या बुझता है एक हसीन ख़्वाब बनकर।
और जब उतर गया,
तो उतर ही गया समझो।
फ़िर तुमसे न हो पायेगा,
चाहे कुछ भी कर लो!

ये क़ैद नहीं करता,
करता है आज़ाद
डर का, वहम का, संकोच का,
है सस्ता–सा इलाज!
इसकी आज़ाद हवाओं में, बस उड़ लो!

वो किसी पिक्चर का नाम था न
"कल हो ना हो"
बस डिस्क्लेमर में लिखना भूल गये–
"ये जोक है भाई! ज़्यादा सीरियसली मत लो!"

पीली आँधी

हरियाले बगीचे में,
बैठी हुई थी मैं।
एक बड़े से पेड़ की,
बड़ी–सी छाँव में,
टहनी सूखी बनकर।

एक आँधी आयी उस रोज़ अचानक,
रेतीली कँटीली, पीली आँधी।
उसमें भँवर बनकर,
आये थे तुम।

उठा लिया था मुझको,
तुमने अपनी गोद में
और उड़ चले थे हम
रेत में लिपटकर।

दो सूफ़ियों के जैसे
घूमते हुए गोल–गोल
आँधी के अनगढ़ संगीत में
झूमते,गाते बेफ़िकर।

थम गयी आँधी जब
तो बग़ीचा था रेत में सना,
सने थे हम दोनों
एक–दूसरे में थे गिरफ़्त।

ना साँसों का शोर था
न कोई सिहरन, न कम्पन
फिर भी पहले से ज़्यादा
ज़िन्दा थे हम।

एक दिन आयी थी
पीली आँधी
उसमें लिपटकर,
आये थे तुम।

नींद-ए-सुबह

ये दौलत भी ले लो,
ये शोहरत भी ले लो
चाहिए तो तिजोरी की चाबी भी ले लो!
सुबह हो गयी है,
हो लेने दो।
प्यारी–सी नींद में हूँ
थोड़ा सो लेने दो।

सूरज ही तो है,
कोई आइसक्रीम थोड़ी?
अरे घूमेगा–फिरेगा,
पिघलेगा थोड़ी!

हाँ अख़बार की ख़बरें
हैं ताज़ी–ताजी,
कोई चिड़िया तो नहीं हैं
उड़ेगी थोड़ी!
अरे चाय ही तो है
कोई ताजमहल थोड़ी!
होती है,
ठण्डी हो लेने दो!

नींद न सही
एक झपकी तो ले लेने दो!

सर्दी की सुबह है
और रज़ाई है गरम
और मेरी मानो
तो ये तकिया ही है सनम!

इन दोनों के बीच में जो है,
बस जन्नत कहीं है तो यहीं है समझो!
झूठे हैं कश्मीर घूमकर आने वाले,
कहने दो!

मीठी–सी नींद में हूँ,
सो लेने दो।
प्यारी–सी नींद में हूँ,
थोड़ा सो लेने दो।

सफ़ेदी की चमकार

काली–काली घटाओं में,
जैसे चाँद की किनारी।
सफ़ेदी पहले आया करती थी चालीस के बाद,
मगर आ गयी थोड़ी जल्दी।

अब कैसे छुपाऊँ इसको?
दिखने दूँ या रंग डालूँ?
मगर बाल ख़राब होंगे तो?

ज़रा माँग बदल के देखें तो?
पर इधर से भी आ गये चार!
पीछे की लटें आगे ले आयें?
कैसे छुपायें ये सफ़ेदी की चमकार!

भई कुछ की सुनें तो,
ये तो फ़ैशन है आजकल।
तो भला क्यों छुपायें?
और लिबरल लोगों के लिए तो
ये स्टेटमेंट है यार!
तो क्यों ना दिखायें?

अरे क्यों भूल गये कि ये दुनिया
गोरी चमड़ी पर तो फ़िदा है।
फिर बालों में, आख़िर दिक्क़त क्या है?

दिखायें कि छुपायें
छुपायें कि दिखायें
इस टेन्शन में यार,
कहीं और बाल सफ़ेद न हो जायें!

छोड़ो इन्हें जैसे भी हैं, रहने दो।
ग्रे होते हैं, सफ़ेद होते हैं, होने दो।
इन्सान भी तो हर घड़ी,
रंग बदलता है, कभी रोका किसी ने?
अजी रहने दो!

क्यों ना हम ही नये चश्मे ले आयें?
सुंदर के माने, हम नये ले आयें?
जो जैसा है वैसा ही सुन्दर हो,
जो सच्चा है, बस वही भा जाय।

रंग दें अपने विचार,
अपने मन को नये रंगों से
काला ही क्यों?
लाल, पीले, नीले से।
जिसमें जो जैसा है,
वैसा ही समाये!

जब भी आयें सफ़ेद बाल,
ना जल्द लगे ना देरी हो।
हँस कर, मुस्कुराकर
उनका स्वागत किया जाय।

गिद्धों का जमावड़ा

गिद्धों का जमावड़ा लगने लगा है,
देखें दिमाग़ की प्याली में आज क्या गिरा है।
जैसे सिहर जाता है तालाब एक बूँद के गिरने से,
वैसे ही मेरे ज़हन में आज, कोई ख़याल उतरा है।

दिमाग़ी जमघट है चीर–फाड़ तो होगी,
देखें तक़दीर क्या, इस बार होगी।
मंजूर है मुझे भी, दो–चार खरोंचें लगें तो सही,
बिना चोटों के भी, ये श्रृंगार हुआ है कभी?

गिद्धों का जमावड़ा लगने लगा है,
देखें दिमाग़ की प्याली में आज क्या गिरा है।

कौन लूटकर जायेगा (कोरोना के समय में)

तिनका तिनका उजड़ा–उजड़ा फ़िर से नीड़ बनायेगा,
घूम रहा है वक़्त का पहिया समय बदल ही जायेगा।
लोक रहेगा राज रहेगा मान रहेगा या सत्ता,
मिट्टी माया काया जाने कौन लूटकर जायेगा।

मतदानों का मौसम आया टाल सका ना कोय,
ऑक्सीजन की क़िल्लत है सप्लाई कहाँ से होय।
जनादेश तो ठीक है लेकिन जन कहाँ रह जायेगा,
मिट्टी माया काया जाने कौन लूटकर जायेगा।

कुम्भ फुटकर बिखर रहा अँधियारा चारों ओर है,
शमशानों में होली है सन्नाटों वाला शोर है।
जलता है गंगा का पानी धर्म बहा कर जायेगा,
मिट्टी माया काया जाने कौन लूटकर जायेगा।

आँधी तूफ़ानों से लड़कर नौका को चलना होगा,
मतभेदों का समय नहीं है जनता को जुटना होगा।
रोग नहीं आसान जटिल है युद्ध ये लम्बा जायेगा,
मिट्टी माया काया जाने कौन लूटकर जायेगा।

डिमॉक्रेसी का कीड़ा

सुनो, सुनो, सुनो, सुनो ये समय है भारी,
थोड़ा हल्के से लेना।
तड़की–भड़की ख़बरों को ख़बरों को
थोड़ा ठण्डे से लेना।
रे बहुत लड़ाई लम्बी चलने वाली है।

रायता इतना फैला है
कि पुर्जा–पुर्जा गीला है।
मैं भी हक्का बक्का हूँ,
तू भी हक्का बक्का है।
ऐसे में वोटिंग जारी है,
रैली पे रैली भारी है,
और इससे भी बच जाओ तो,
कुम्भ की भी तैयारी है।

ये डिमॉक्रेसी का कीड़ा है,
मुश्किल इसमें जीना है।

कोई मदद करे तो,
पकड़ के मारो।
अरे ज़ोर लगाओ,
अकड़ के मारो।

नम्बर है ज़्यादा,
थोड़ा ढँक के जला लो।
कोई शोर मचाये,
लॉकअप में डालो।
किसके कहने से ऐसी दुर्गति हुई है?
ये डिमॉक्रेसी का कीड़ा है,
मुश्किल इसमें जीना है।

जिसकी जेबें मोटी हैं,
सिस्टम उसकी बेगम है।
जिसकी जेबें ख़ाली हैं,
लाल फीताशाही है।
अशिक्षा और ग़रीबी की,
पुरानी जोड़ीदारी है।
जनादेश ये कहता है,
जनता सब पे भारी है।
सबकी ये कलेक्टिव ज़िम्मेदारी है।
ये डिमॉक्रेसी का कीड़ा है,
मुश्किल इसमें जीना है।

किचन वाली

मेड छुट्टी पर गयी है हफ़्ते भर के लिए।
नहीं–नहीं, ये किसी हॉरर फ़िल्म का टाइटल नहीं है!
हम बड़े शहर में रहने वालों का,
छोटा–सा नाइटमेयर है बस।

कैसे बनाती हैं मम्मियाँ
तीन वक़्त का ख़ाना,
चालीस–चालीस साल
बिना किये ऊँ आँ?

सोचती तो बहुत हूँ मैं,
क्यों नहीं पका लेती किचन में
ज़िन्दगी के फ़लसफ़े?
क्यों नहीं बना लेती इसे
एक ख़ूबसूरत–सा क़िस्सा,
पका तो सकती हूँ यहाँ,
ढेरों उपमायें, पकौड़े तलते हुए!

कम–से–कम बर्तनों में, कैसे काम चलायें
नमकीन में मीठे का, थोड़ा सन्तुलन बनायें
कैसे सादे से सादे खाने में,
ज़ायका मिलाया जाय।

हाँ–हाँ आर्टिस्ट हूँ मैं,
फिर क्यों नहीं इसको आर्ट मान लेती?
सब्ज़ियों को करीने से, कारीगरी के साथ काटा जाय,
तो कोई शिल्पकार भी शरमा जाय!

सब्ज़ियाँ कढ़ाई में ऐसे मिलें
कि जैसे रंगों को मिलाता है पेंटर पैलट में
और रोटी को चाँद नहीं तो क्या कहें?
गोल नहीं बनती तो, चलो, आज खाने में,
मीटेयोर ही पकाया जाय!

कि जब पड़ता है मीठी नीम और राई–जीरे का छौंक घी में,
और जो उठती है, फैलती है ख़ुशबू पूरे घर में
उस पर क्यों ना महाकाव्य लिख दिया जाय?

खाना बनाना दुनिया का सबसे सुन्दर काम है, है ना?
ध्यान ही तो है, आर्ट ही तो है ये सब कुछ।

फिर क्यों चक्की–सा लगता है,
जिसमें पिसकर रह गयीं सारी अम्मायें!
क्यों भट्टी–सा लगता है जिसमें ख़ाक़ हो गयीं,
जाने कितनी पीढ़ियों की आकांक्षायें
क्यों एक भयानक–सा भँवर लगता है,
जिसमें दम घुट जाय।
या एक डरावना अजगर,
जो निगल गया जाने कितनी ही कविताएँ, कल्पनाएँ।

किसी के लिए जो कला है
वो किसी और के लिए उम्र क़ैद।
ऐ ज़िन्दगी, तुझे क्या कहा जाय?

तीस में टीनेज

ये उन दिनों की बात है,
नौ से पाँच की नौकरी में
खोये–खोये से हम थे।

क्या माजरा है ज़िन्दगी
क्या बला है डिग्रियाँ
एक ढर्रे पर चलते चले थे
ये उन दिनों की बात है।

पहले सोचा ये करें
फिर ये सोचा वो करें
इसी कन्फ़्यूजन में पीछे रह गये।

एमबीए का कोट टाँगे
डिग्री का बोझ लादे,
ज़िन्दगी की नाव में
लेते हिचकोले।
ये उन दिनों की बात है

कुछ भी क्यों बनना है?
रोज़–रोज़ रगड़ना है?
गाने का शौक़ है

लिखने का चस्का
किस गली से रास्ता है
उस किनारे क्या पता।
ये उन दिनों की बात है

गाना गाऊँ कभी
लिखती ही जाऊँ कभी
एक शाम–रात और मौसम
यूँ ही गुज़र जाये।

सोचते–सोचते
मरोड़ते–तोड़ते
सवालों के बीहड़ में
बीस साल खप गये

30 का डंका बजा
अब सर पर तलवार है।
शादी–बच्चों के प्रश्नचिन्ह
चमगादड़ों से पीछे पड़ गये।

रो–पीटकर लड़ गये
टूटकर बिखर गये
रगड़–रगड़ के झड़ गये।
सब सीखा भूलकर,
किसी तरह सम्हल गये।

मोहभंग जब हुआ
ध्यान लपट सध गया
लपड़–धपड़ से क्या मिला

ठोकरों का ले मज़ा
कुआँ क्यों प्यासा है भला?

पैग़म्बर सारे
तोते बन–बन के उड़ गये।
प्यास से पानी बुझ गया।
ये उन दिनों की बात है।

बड़े शहर का पंछी

मैं बड़े शहर का पंछी
इसमें जीना मैंने सीख लिया।

हाँ, नहीं हैं नदियाँ ना सही,
भीड़ का भरा–पूरा समन्दर तो देखिए!
तनी–तनी सूरतों का वाला, अनमना समन्दर,
बहा लिए जायेगा आपको बिना कहे!
वैसे जाना कहाँ है जनाब?
ये तो कहिए।

इन सूरतों पर सीरतें
पढ़ना मैंने सीख लिया
हाथों की लकीरों में
लोकल ट्रेन की पटरियाँ
गढ़ना मैंने सीख लिया

अरे साहब,
मेरी चिन्ता न करें आप।
देखा नहीं, कैसे बच निकलता हूँ
इमारतों के जंगल से?
तूफ़ानी ट्रैफ़िक के बीच,
उड़ा ले जाता हूँ ब्रेड का टुकड़ा मुँह में दबाये,
ज़रा मेरे करतब तो देखिए!

हाँ, नहीं है साफ़ हवा न सही
मैंने धुआँ, साँस समझकर पीना सीख लिया।
नहीं है पानी न सही
मैंने दड़बोंनुमा खिड़कियों में
टँगी कटोरियों से प्यास बुझाना, सीख लिया।

चिड़ियों का कलरव नहीं होता न सही,
मैंने चीख़ती गाड़ियों के शोर में
सिम्फनी सुनना सीख लिया।

उड़ने को आसमाँ न सही,
चलने को जगह न सही
हर गली में जिम तो देखिए,
फिर दिक्क़त कैसी?

माना बड़ी–बड़ी हैं चिन्ताएँ यहाँ
मगर हर गली में,
सायकाइट्रिस्ट की दुकान नहीं देखी?
ये बड़ा शहर है जनाब
यहाँ हर चिन्ता का निवारण है।

मैं बड़े शहर का पंछी हूँ
मैंने चिन्ताओं में जीना सीख लिया।
मैंने नदी, पहाड़, जंगल, खुला आसमान,
इन सबके बिन जीना सीख लिया,
जो अगर, ये जीना है तो।

❑❑